"100 FRASES ESCOLHIDAS POR ROBSON PINHEIRO

1ª edição
novembro de 2016 | 10 mil exemplares

Casa dos Espíritos Editora
Rua Floriano Peixoto, 438
Contagem | MG | 32140-580 | Brasil
Tel./Fax: +55 (31) 3304-8300
editora@casadosespiritos.com.br
www.casadosespiritos.com.br

Edição, preparação e notas
Leonardo Möller

Capa, projeto gráfico e diagramação
Victor Ribeiro

Foto do autor
Mike Malakkias

Revisão
Naísa Santos

Impressão e acabamento
EGB

Os direitos autorais desta obra foram cedidos gratuitamente pelo médium Robson Pinheiro à Casa dos Espíritos, que é parceira da Sociedade Espírita Everilda Batista, instituição de ação social e promoção humana, sem fins lucrativos.

O Acordo Ortográfico da Língua Portuguesa, ratificado em 2008, foi respeitado nesta obra.

Dados Internacionais de Catalogação na Publicação (CIP)
(Câmara Brasileira do Livro, SP, Brasil)

Pinheiro, Robson
100 frases escolhidas por Robson Pinheiro. —
1. ed. — Contagem, MG : Casa dos Espíritos Editora, 2016.

ISBN 978-85-99818-63-3

1. Citações — Coletâneas 2. Espiritismo 3. Livros de frases I. Título.

16—08555   CDD—808.882

Índices para catálogo sistemático: 1. Frases : Coletâneas : Literatura 808.882

A Andrei Polessi, senhor da inspiração não só para esta obra, mas para o projeto gráfico de quase todos os meus livros.

"INSPIRAÇÃO

por ROBSON PINHEIRO

O PODER DAS IDEIAS. O PODER DAS PALAVRAS.

Os espíritos que dirigem o trabalho a mim confiado sempre demonstraram uma convicção inabalável quanto ao poder da persuasão, à força de uma ideia não necessariamente nova, mas enunciada de modo inusitado, preciso, criativo, original ou atemporal. Para eles, a palavra tem um valor intrínseco; tal como uma semente, é capaz de, ao cair em terra boa, brotar e dar origem a inúmeros frutos, no devido tempo. É claro que essa convicção não repousa sobre o nada; ao contrário, nasce da constatação de que a vida deposita fé no ser humano, a tal ponto que não se cansa de nele investir, buscando persuadi-lo sem cessar. A filosofia espírita se baseia nessa compreensão, o que a leva a afirmar, entre tantos exemplos, que, nos tempos do fim, os conflitos decorrerão "da luta suprema entre (...) as ideias progressistas e as ideias retrógradas".[1]

Sobretudo, o espiritismo remonta à tradição

[1] KARDEC, Allan. *A gênese, os milagres e as predições segundo o espiritismo*. Rio de Janeiro: FEB, 2011. p. 504, cap. 17, item 56.

consumada na figura de Jesus. O homem de Nazaré demonstrou que uma boa história, especialmente quando acompanhada de atitudes que a ilustrem com genuína sabedoria, tem um poder arrebatador. E essa verdade não se restringe às parábolas e às alegorias, tampouco aos casos recontados pelos evangelistas. Jesus soube ensinar como ninguém por meio de máximas que, de tão potentes, perenes e abrangentes, são suficientes para instigar profunda reflexão e, de tão universais, produziram séculos e séculos de discussão, análise e — por que não? — devoção. Quem será indiferente a afirmativas como: "Se a justiça de vocês não for muito superior à dos fariseus e mestres da lei, de modo nenhum entrarão no Reino dos céus"? Ou ainda mais breves: "Bem-aventurados os misericordiosos, pois obterão misericórdia". Como não se sentir provocado por indagações tais como: "Se vocês amarem aqueles que os amam, que recompensa receberão? Até os publicanos fazem isso!"?[2]

[2] Mt 5:20,7,46, respectivamente.

Diante da constatação do poder que as palavras guardam — ou do qual são veículo —, surgiu a ideia de fazer das redes sociais da Casa dos Espíritos, que já publicou mais de 40 livros meus ou psicografados por mim, uma revista de pensamentos sucintos, encerrados preferencialmente numa só frase, mas capazes de grande impacto. Foi um sucesso ligeiro e maior que o esperado. Em pouco menos de três anos, formou-se organicamente uma comunidade de 1 milhão de pessoas, que hoje já totaliza cerca de 1,5 milhão, e o crescimento é contínuo. No momento em que se comemoram 20 anos da editora, cuja fundação foi determinada pelos espíritos e motivada pela psicografia do meu primeiro livro, resolvemos transportar para o mundo dos livros uma seleção daqueles pensamentos que fizeram sentido na vida de tanta gente. A coincidência de que, a esta altura, o número total de exemplares vendidos pela Casa dos Espíritos também seja de cerca de 1,5 milhão foi tão somente um gracejo que nos estimulou ainda mais a dar à luz este projeto.

A ferramenta de trabalho que os Imortais me confiaram é a palavra. Desde 1979, quando do primeiro texto psicografado, até os dias atuais, são as palavras que me rodeiam e, em certa medida, norteiam. Às vezes, na companhia de determinado grau de angústia ou ansiedade, inerente ao propósito de exprimir o pensamento dos espíritos — o que vivencio mais à hora de acompanhar a preparação do texto do que na psicografia em si. A verdade é que minha vida pode ser resumida no objetivo de dar corpo ao pensamento captado dos amigos do

Além; à Casa dos Espíritos cabe lhe dar forma visual e tangível, no caso do que é por escrito. Assim, pareceu-nos oportuno reunir ideias em 100 citações que comovem, esclarecem, entusiasmam, motivam, admoestam; em última análise, fazem lembrar o que realmente importa, em meio a imagens e cores que ajudam a embalar os dias com muita inspiração para o trabalho único e gratificante que é viver.

R. P.
Belo Horizonte, novembro de 2016.

O mau, quando se finge
de bom, é péssimo.

Francis Bacon

É isso aí, meu filho; enxugue as lágrimas, pare de lamentar-se e aprume-se. Enfeite-se de sorriso e decore sua vida com o belo. Só depende de você ser feliz – aqui e agora.

Robson Pinheiro
pelo espírito Pai João de Aruanda

Tente não ser um homem de sucesso, e, sim, um homem de valores.

Albert Einstein

De tanto ver triunfar as nulidades, de tanto ver prosperar a desonra, de tanto ver crescer a injustiça, de tanto ver agigantarem-se os poderes nas mãos dos maus, o homem chega a desanimar da virtude, a rir-se da honra, a ter vergonha de ser honesto.

Rui Barbosa

Somos assim: sonhamos o voo, mas tememos as alturas.

Rubem Alves

Para ter algo que você nunca teve, é preciso fazer algo que você nunca fez.

Chico Xavier

A dúvida prudente
é considerada
o farol do sábio.

William Shakespeare

A dor é para todos, mas o sofrimento é só para quem quer.

Robson Pinheiro
pelo espírito Pai João
de Aruanda

Bem-aventurados os pacificadores, porque eles serão chamados filhos de Deus.

Jesus (Mt 5:9)

Seja uma pessoa ativa.
Em vez de reagir, aja.
Uma ação é muito mais
inteligente do que
uma reação.

Robson Pinheiro
pelo espírito Pai João
de Aruanda

Nunca disse que seria fácil; disse apenas que compensava.

Everilda Batista (espírito),
mãe de Robson Pinheiro

O Senhor ama aos que odeiam o mal.

Salmos 97:10

O homem que cometeu um erro e não o corrige está cometendo outro erro.

Confúcio

A educação do pensamento é a fonte de todo o equilíbrio interior.

Robson Pinheiro
pelo espírito Pai João
de Aruanda

**Se a gente não der o amor,
ele apodrece em nós.**

Manoel de Barros

Fé inabalável é somente aquela que pode encarar a razão face a face.

Allan Kardec

A coragem é muito importante. Tal como os músculos, o uso a fortalece.

Ruth Gordon

**Quando perder,
não perca a lição.**

Dalai Lama

A verdadeira viagem de descobrimento não consiste em procurar novas paisagens, mas em ter novos olhos.

Marcel Proust

Sempre chame as coisas pelo nome que têm. O medo de um nome aumenta o medo da coisa em si.

J. K. Rowling

**Caráter é fazer
o certo enquanto
ninguém está
olhando.**

J. C. Watts

A experiência é uma chama que só ilumina queimando.

Benito Pérez Galdós

Um bom livro faz cicatrizes.

Gilberto Dupas

Peça e lhe será dado;
procure e encontrará;
bata à porta e ela
lhe será aberta.
Porque aquele que pede
recebe, aquele que
procura acha, àquele
que bate a porta se abre.

Jesus (Lc 11:9-10)

Não deixe que aquilo que você não pode fazer interfira naquilo que você deve fazer.

John Wooden

Errar é humano,
tropeçar é comum.
Ser capaz de rir de si
mesmo é maturidade.

William Arthur Ward

É preciso ser justo
antes de ser generoso.

Nicolas de Chamfort

Não seja uma pessoa realizada. Esteja sempre em realização.

Roberto S. Yamachi

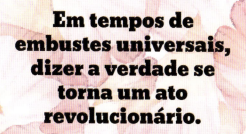

Para bem conhecer uma coisa é preciso tudo ver, aprofundar tudo, comparar todas as opiniões, ouvir os prós e os contras.

Allan Kardec

É preciso voar
e voar alto,
dentro de si mesmo.

Robson Pinheiro
pelo espírito Pai João de Aruanda

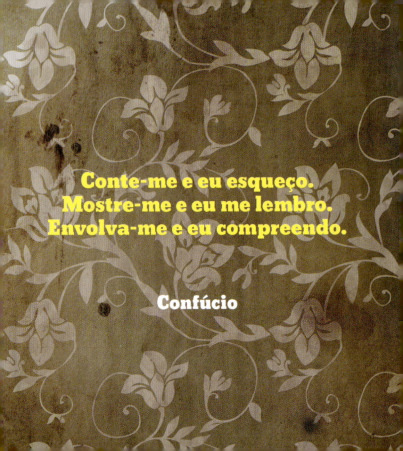

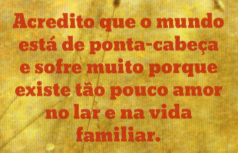

Acredito que o mundo está de ponta-cabeça e sofre muito porque existe tão pouco amor no lar e na vida familiar.

Robson Pinheiro
pelo espírito Teresa de Calcutá

Assuma o controle da própria vida e algo terrível acontece: você não tem mais a quem culpar.

Erica Jong

Esperar que a vida o trate bem porque você se julga uma boa pessoa é como esperar que um tigre não o ataque porque você é vegetariano.

Bruce Lee

A esperança é o sonho do homem acordado.

Aristóteles

O que me preocupa
não é nem o grito
dos corruptos,
dos violentos,
dos desonestos,
dos sem caráter,
dos sem ética...
O que me preocupa
é o silêncio dos bons.

Martin Luther King

Aquele que nunca viu a tristeza nunca reconhecerá a alegria.

Khalil Gibran

Tem loucuras que a gente só faz com muita maturidade.

Cáh Morandi

> A preocupação
> olha em volta,
> a tristeza olha para trás,
> a fé olha para cima.
>
> **Chico Xavier**

A medida do amor
é amar sem medida.

Santo Agostinho

**O amor é isto:
não prende, não aperta,
não sufoca. Porque
quando vira nó, já
deixou de ser um laço.**

**Maria Beatriz
Marinho dos Anjos**

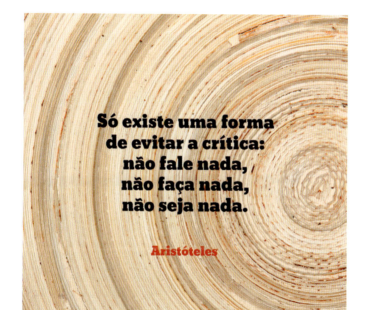

A felicidade bate à nossa porta, mas somos nós que giramos a maçaneta.

Autor desconhecido

A desilusão
é a visita da
verdade.

Chico Xavier

Felicidade se acha é em horinhas de descuido.

Guimarães Rosa

Sabedoria é saber o que fazer; habilidade é saber como fazer; virtude é fazer.

David Starr Jordan

Meditando eu me edito.

J. Castro

CRISE é Deus chamando para mudar e simplificar.

**Robson Pinheiro
pelo espírito Teresa de Calcutá**

Às vezes, não conseguir
o que você quer é
uma tremenda sorte.

Dalai Lama

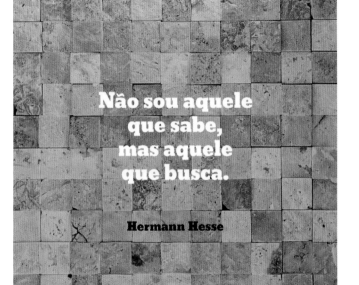

Elegância é a única forma de beleza que não desaparece.

Audrey Hepburn

Não existe dor, sofrimento ou mal que não traga o seu ensinamento; não há problema que não tenha a resposta certa da vida.

Robson Pinheiro
pelo espírito Pai João
de Aruanda

Imagens são palavras que nos faltaram.

Manoel de Barros

Nunca se preocupe com números. Ajude uma pessoa de cada vez. E comece pela mais próxima, VOCÊ.

Teresa de Calcutá

**Devagar também
é pressa.**

Guimarães Rosa

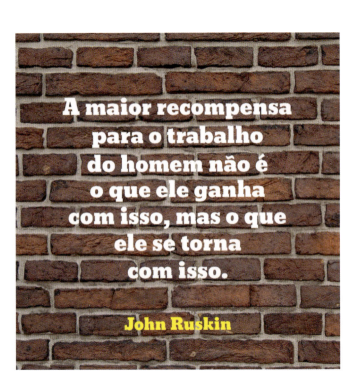

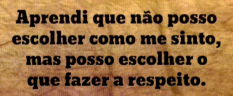

Quer ser feliz
por um instante?
VINGUE-SE.
Quer ser feliz
para sempre?
PERDOE.

Tertuliano

Tenhamos o cuidado de não permanecer com a cabeça cheia de boas ideias e conservar as mãos vazias.

Robson Pinheiro
pelo espírito Alex Zarthú

O que sabemos
é uma gota,
o que ignoramos
é um oceano.

Isaac Newton

O conselho da sabedoria é: procure obter sabedoria; use tudo que você possui para adquirir entendimento.

Provérbios 4:7

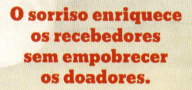

Dê a quem você ama:
asas para voar, raízes
para voltar e motivos
para ficar.

Dalai Lama

Para a alma
não ficar
sedentária,
corra riscos.

Zack Magiezi

**Cada um dá o que recebe.
E, logo, recebe o que dá.
Nada é mais simples,
não há outra norma.
Nada se perde,
tudo se transforma.**

Jorge Drexler

Podemos, sim, antecipar alegrias, satisfação e felicidade – e a esse ato se dá o nome de FÉ.

Robson Pinheiro
pelo espírito Alex Zarthú

Sozinho eu rimo. Juntos nós rimos.

Bruno Pereira

Você não é fruto do
que acontece com você,
mas do que você
escolhe para você.

Jung

**Vencer a si próprio
é a maior das vitórias.**

Platão

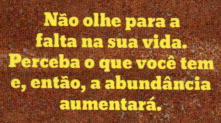

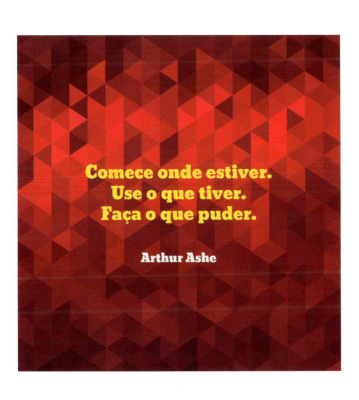

Quem divide subtrai.

Quem compartilha soma.

Pedro Werneck

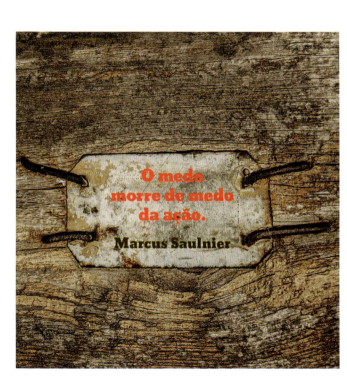

Inspiração existe,
mas ela precisa te
pegar trabalhando.

Picasso

Não espere o outro mudar, filho; mude você primeiro.

**Robson Pinheiro
pelo espírito Pai João
de Aruanda**

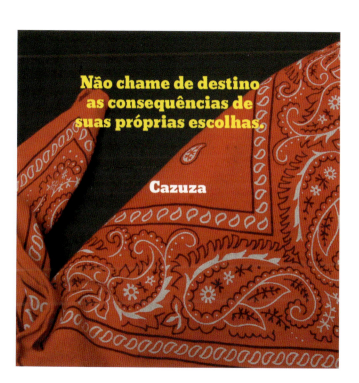

O bom samba é uma forma de oração.

Vinicius de Moraes

Se você não puder alimentar um milhão de pessoas, então alimente uma.

Teresa de Calcutá

OUTRAS OBRAS DO AUTOR

Pelo espírito Ângelo Inácio

Tambores de Angola

Aruanda

Encontro com a vida

Crepúsculo dos deuses

O próximo minuto

Antes que os tambores toquem

Série Crônicas da Terra

O fim da escuridão

Os nephilins

O agênere

Os abduzidos

Trilogia O Reino das Sombras

Legião: um olhar sobre o reino das sombras

Senhores da escuridão

A marca da besta

Trilogia Os Filhos da Luz

Cidade dos espíritos

Os guardiões

Os imortais

Série A Política das Sombras

O partido

A quadrilha

Orientado pelo espírito

Ângelo Inácio

Faz parte do meu show

Corpo fechado

(pelo espírito W. Voltz)

Pelo espírito Joseph Gleber

Medicina da alma

Além da matéria

Consciência: em mediunidade,

você precisa saber o que

está fazendo

A alma da medicina

Pelo espírito Pai João

de Aruanda

Sabedoria de preto-velho

Pai João

Negro

Magos negros

Pelo espírito Teresa de Calcutá

A força eterna do amor

Pelas ruas de Calcutá

Pelo espírito Everilda Batista

Sob a luz do luar

Os dois lados do espelho

Pelo espírito Franklim

Canção da esperança

Pelo espírito Alex Zarthú

Gestação da Terra

Serenidade: uma terapia

para a alma

Superando os desafios íntimos

Quietude

Pelo espírito Estêvão

Apocalipse: uma interpretação

espírita das profecias

Mulheres do Evangelho

Orientado pelos espíritos

Joseph Gleber, André Luiz

e José Grosso

Energia: novas dimensões da

bioenergética humana

Com Leonardo Möller

Os espíritos em minha vida:

memórias

Prefaciando: Marcos Leão

pelo espírito Calunga

Você com você

COLEGIADO DE GUARDIÕES DA HUMANIDADE
por Robson Pinheiro

Quem enfrentará o
mal a fim de que a
justiça prevaleça?
Os guardiões superiores
estão recrutando agentes.

Fundado pelo médium, terapeuta e escritor espírita Robson Pinheiro no ano de 2011, o Colegiado de Guardiões da Humanidade é uma iniciativa do espírito Jamar, guardião planetário.

Com grupos atuantes em mais de 10 países, o Colegiado é uma instituição sem fins lucrativos, de caráter humanitário e sem vínculo político ou religioso, cujo objetivo é formar agentes capazes de colaborar com os espíritos que zelam pela justiça em nível planetário, tendo em vista a reurbanização extrafísica por que passa a Terra.

Conheça o Colegiado de Guardiões da Humanidade. Se quer servir mais e melhor à justiça, venha estudar e se preparar conosco.

Paz, justiça e fraternidade
www.guardioesdahumanidade.org

@casaespiritos

@casadosespiritos

@casadosespiritos